개, 고양이, 소, 말, 닭······.
우리는 이들을 애완동물 또는 가축이라고 해요.
사람의 보살핌을 받고
사람들과 함께 사는 동물들이지요.

그런데 이렇게 한곳에 머무는 동물들과 달리
멀리멀리 여행을 떠나는 동물들이 있답니다.
어떤 동물들은 계절이 바뀌면 여행을 떠나요.
주변에서 더 이상 먹을 걸 찾지 못하기 때문이에요.
그들은 먹이를 찾아 아주 먼 곳까지 다녀오기도 해요.
또 어떤 동물들은 번식을 하기 위해 긴 여행을 떠나기도 해요.
신기한 것은 자신들이 어디로 가야 하는지
그들은 아주 잘 알고 있다는 사실이에요.
표지판도 없고, 지도도 없고, 컴퓨터도 없는데,
정말 놀랍지 않나요?

이 책에서 우리는 다양한 모험가 동물들을 만날 거예요.
여러분은 어떤 동물 친구와 함께 여행을 떠나고 싶나요?

목차

북극제비갈매기	8
치누크연어	14
사바나얼룩말	20
크리스마스섬홍게	26
제비	32
백상아리	38
두루미	44
순록	50
제왕얼룩나비	56

북극제비갈매기

나는 몸이 아주 작고 가벼워요. 하지만 여행자 올림픽에 나가면 확실한 금메달감일걸요? 매년 지구의 맨 꼭대기인 북극에서부터 가장 아래쪽에 있는 남극까지 날아서 다녀오니까요. 이렇게 먼 거리를 날아다니는 것은 내가 여름을 너무 좋아하기 때문이에요. 이런 나를 두고, 사람들은 **지구상에서 가장 위대한 여행자**라고 부른답니다.

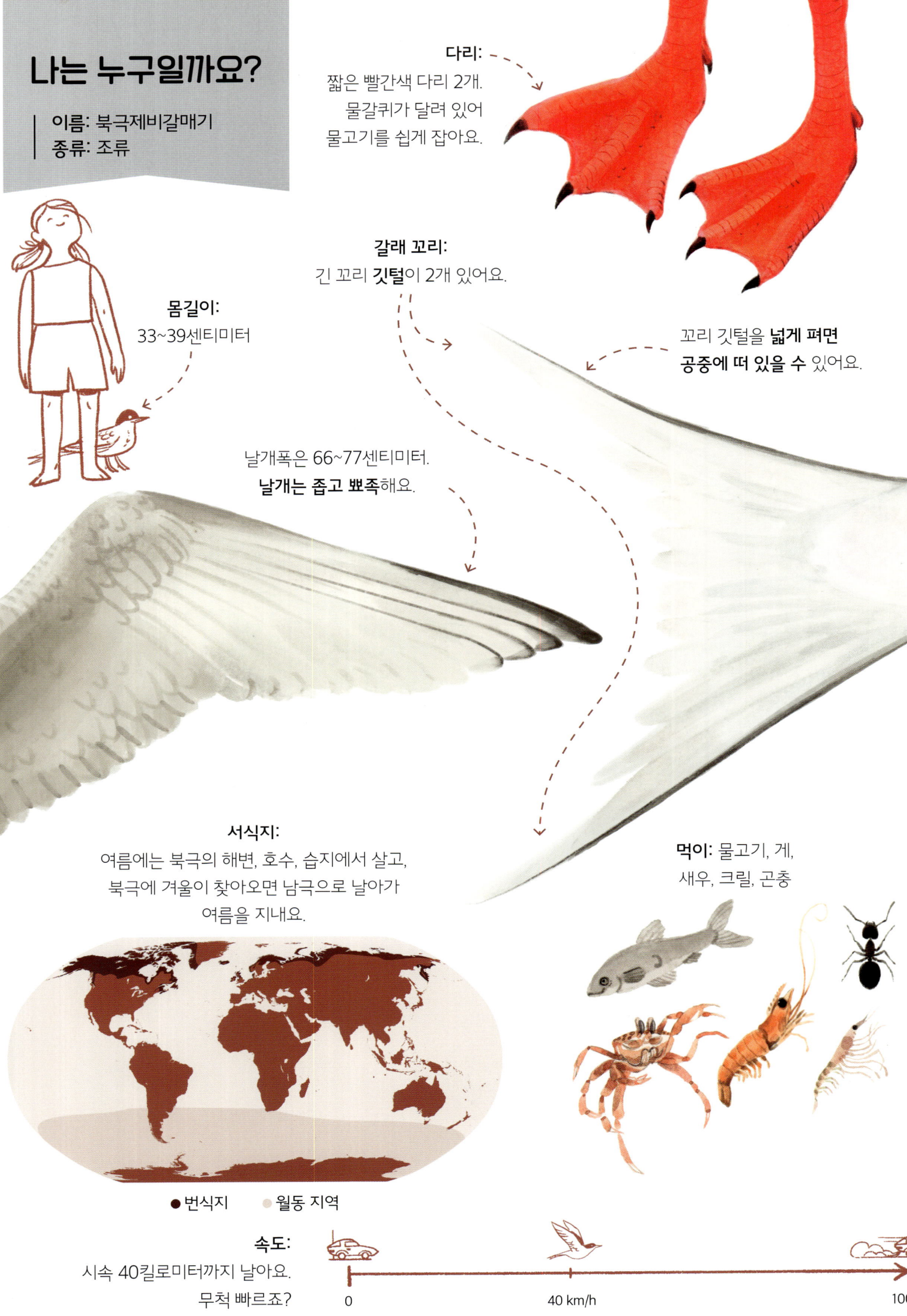

나는 누구일까요?

- **이름**: 북극제비갈매기
- **종류**: 조류

다리: 짧은 빨간색 다리 2개. 물갈퀴가 달려 있어 물고기를 쉽게 잡아요.

갈래 꼬리: 긴 꼬리 **깃털**이 2개 있어요.

꼬리 깃털을 **넓게 펴면 공중에 떠 있을 수** 있어요.

몸길이: 33~39센티미터

날개폭은 66~77센티미터. **날개는 좁고 뾰족해요.**

서식지: 여름에는 북극의 해변, 호수, 습지에서 살고, 북극에 겨울이 찾아오면 남극으로 날아가 여름을 지내요.

먹이: 물고기, 게, 새우, 크릴, 곤충

● 번식지   ● 월동 지역

속도: 시속 40킬로미터까지 날아요. 무척 빠르죠?

0　　　　　40 km/h　　　　　100

천적들:
북극제비갈매기의 알과 새끼를 노리는 자들.

 쥐　 고슴도치　 밍크　북극여우　 북극곰

나는 해변의 **작은 구멍에 둥지**를 틀어요. 그래서 천적들의 눈에 띄기 쉬워 항상 **큰 무리**를 이루어 함께 살아요. 서로서로 지켜주기 위해서예요. 나는 언제나 새끼들을 보호할 태세를 갖춘, 강하고 무서운 새예요. 침입자가 오면 뒤에서 달려들어 공격하지요. 빠른 속도로 날아가 날카로운 부리로 침입자의 머리를 쪼아요. 침입자가 도망갈 때까지 **나는 계속 공격해요**. 이런 방법으로 우리는 사람들도 내쫓았고 거대한 침입자인 **북극곰들까지 쫓아냈어요**!

몸무게는 **90~120그램**에 불과해요.

나는 **섬세하게** 생겼지만 아주 **강인해요**. **30년 이상** 산답니다.

하늘을 날 때 가장 기분이 좋아요. 맛있는 먹이를 발견하면, 내가 어떻게 할까요? 먹이가 눈에 띄면 **가만히** 공중에 떠서 잠시 살펴봐요. 그러다가 순간적으로 재빠르게 내리꽂듯이 날아가요. 나는 약 **10미터** 높이에서도 **정확하게 먹이를** 잡을 수 있어요. 화살처럼 맹렬한 속도로 날아가 물어요. 때로는 **물속**으로 쏙 다이빙도 해요. 나는 **날아가면서도 먹이를 먹을 수 있고**, 물고기를 물고 큰 소리를 지를 수도 있어요. 때때로 나는 **의도적으로 날카로운 소리를** 크게 질러서 다른 새들을 놀라게 만들어요. 깜짝 놀란 새가 물고 있던 먹이를 떨어뜨리면 그건 내 차지예요. 훔쳐 먹는 거지만요. 암컷을 **감동시키고 싶을 때도** 물고기를 선물로 주어요.

다리는 짧지만 완전히 접을 수 있어서 날아갈 때 편리해요. 그렇지만 **땅에서 걸을 때**는 **뒤뚱**거려요.

여행자:
나는 장거리 여행자예요. 매년 북극에서 남극으로 날아갔다가, 다시 남극에서 북극으로 돌아와요.

나는 여름을 좋아해요. 먹을 것들도 많고, 낮이 길어 밝은 빛이 가득하니까요. 번식기가 지나면 북극의 여름도 끝나고, 낮이 짧아져요. 그럼 우리도 떠나야 할 시간이에요! 떠날 때가 되면 우리는 약 15 마리씩 무리를 지어요. 8월 말까지 남극을 향해 다들 떠날 거예요. 남극의 계절은 북극과 반대예요. 11월에 남극에 도착하면 남극의 여름이 시작되고 있어요. 그렇게 나는 여름에서 여름으로 옮겨 가며 살아요!

우리는 매년 적어도 40,000킬로미터 이상 날아가요. 어떤 새들은 송신기를
달고 80,000킬로미터까지 날아갔다고 해요. 지구를 두 바퀴나 돈 셈이에요!
우리가 30년을 사니까 일생 동안 몇 킬로미터를 날지 계산해 볼래요?

남쪽으로 가는 여행은 3개월이 걸려요. 우리는 중간에
여러 번 땅에 내려앉아 먹이도 먹고 쉬기도 해요.
그런데 남극에서 북극으로 돌아올 때는 이보다 훨씬 빨리
날아요. 단 40일만에도 북극에 도착할 수 있어요.
남극에서 3월에 떠나도 4월이나 5월이면 북극의
번식지로 되돌아올 수 있어요. 우리는 보통 같은
장소로 돌아온답니다.

북극에서 남극으로 갈 때는 아프리카 서해안이나 남아메리카의
동해안을 따라 날아요. 반대로 남극에서 북극으로 돌아올 때는
강한 바람을 타고 날기 때문에 훨씬 쉽고 빨라요. 대서양을
건너면서 우리는 아프리카 해안과 남아메리카 해안을
번갈아 S자 모양으로 날아요. 바람을 타고 S자로 날면
직선으로 날아가는 것보다 더 쉽고 편하답니다.

치누크연어

내 이름에서 아메리카 대륙의 한 원주민 부족이 떠오르지 않나요? 바로 치누크 부족의 이름을 딴 것이랍니다. 그 부족이 살았던 지역인 치누크가 내 이름이 된 거예요. 치누크연어는 여러 다른 지역에서도 볼 수 있어요. 내가 어떻게 여행을 하는지 궁금하죠? 나는 바다에서 해류를 따라 여행을 시작해요. 마지막 목적지는 내가 태어난 곳, 나의 모든 것이 시작된 고향인 강이에요. 강의 상류를 향해 강물을 거슬러 헤엄쳐 간답니다.

나는 누구일까요?

| 이름: 치누크연어
| 종류: 어류

지느러미:
힘센 꼬리지느러미

뼈가 없는 지방 지느러미

항문지느러미

몸 색깔은 **은빛**으로 등과 꼬리에 **검은 반점**이 있어요. 그런데 **민물**에서 **바닷물**로 헤엄쳐 들어가면 **색이 변한답니다**.

등지느러미

2개의 배지느러미

둥글고 **큰 비늘들**

2개의 가슴지느러미

몸 길이:
보통 60~90센티미터 정도지만, 150센티미터까지 자랄 수 있어요.

날카로운 이빨과 **검은색의 잇몸**

먹이:
알에서 금방 깨어난 새끼일 때는 플랑크톤을 먹어요. 다 자란 연어는 작은 물고기, 오징어, 작은 게, 바닷가재 등을 먹어요.

서식지:
미국, 아시아, 뉴질랜드의 바다와 강에 살아요. 번식기가 되면 호수와 강으로 거슬러 올라가요.

속도:
시속 13킬로미터로 헤엄쳐요.

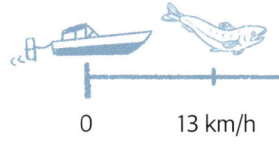

13 km/h

100

천적:
다양한 천적이 있지만 가장 큰 천적은 어부들입니다.

어부	큰 물고기	범고래	혹등고래	물개	독수리	곰	수달

연어는 종류가 다양해요. 그 가운데 내가 **가장 덩치가 크답니다.** 그래서 미국 사람들은 나를 **왕연어**라고 불러요. 몸무게가 **55킬로그램**이 넘는 치누크연어들도 많으니까요! 나는 섭씨 10~14도 사이의 **깨끗한 물**에서 헤엄치는 것을 좋아해요. 그런 물에는 산소가 풍부하니까요.

나의 **가장 큰 적**은 누구일까요? 바로 어부들이에요. 어디로 가든지 나를 잡으려고 하니까요. 나는 **야생 연어**예요. 자연 속에서 자유롭게 헤엄치며 살아요. 일부 치누크연어들은 바다에 만든 **어장에서 사육**되고 있다고도 해요.

여행자:
나는 여행자예요. 강에서 태어나 바다로 나가 살다가, 알을 낳을 때가 되면 다시 태어난 강으로 되돌아가서 수명을 다해요.

나는 강이나 호수의 **민물**에서 부화해요. 하지만 **인생의 대부분**은 바다의 소금물에서 보낸답니다. 바다에서 살다가 알을 낳을 때가 되면 다시 민물로 돌아가요. 내가 태어난 강이나 호수로 되돌아가는 거예요. 목적지에 도착하면 나는 알을 낳을 준비를 해요. 먼저 강이나 호수의 **바닥**을 꼼꼼히 살펴 **자갈**이 많은 곳을 선택해요. 그곳에 지느러미와 꼬리로 **구멍**을 판 다음, **수백 개의 알**을 낳아요. 그러면 수컷이 와서 **수정**을 해요. 수정된 알들을 **보호하기 위해** 나는 꼬리로 자갈들을 쓸어 모아 덮어 주어요. 그런 다음 다시 **새로운 구멍**을 만들고 알을 낳아요. 수컷은 다시 내 알들 위에 수정을 하지요. 수컷과 나는 **4,000~5,000개의 알**을 다 낳을 때까지 함께 움직여요. 하지만 아쉽게도 알들이 부화하기 전에 우리는 **죽는답니다.**

알에서 부화하면, 나는 1년 동안 태어난 곳 근처인 강이나 호수에 머물러 있어요. 대개 바다에서 3,000킬로미터 이상 떨어진 곳들이에요. 1년이 지나면 작은 새끼 연어에서 15센티미터 길이의 물고기로 자란답니다. 새끼 치누크연어는 많이 먹고 빨리 자라나요. 그럼 나는 물결을 따라 강의 하류로 내려가요. 이때, 나를 잡아먹으려는 큰 물고기나 새를 조심해야 해요.

두 살에서 여섯 살까지 나는 혼자 깊은 바다에서 헤엄을 치며 살아요. 식욕이 왕성해서 많이 먹고 거대한 물고기로 자라나지요. 그렇게 성장하면, 마지막 여행을 할 시간이 다가와요. 강의 상류를 향해 3,000킬로미터를 여행하는 거예요. 여행길에 오르면 나는 아무것도 먹지 않아요. 여행이 어렵고 위험해서 주의를 기울여야 하니까요. 지역에 따라 고도의 차이가 많이 나서 더 힘이 들어요. 댐을 거슬러 올라갈 때도 있고, 물이 따뜻한 지역이나 오염된 바다를 지나야 할 때도 있어요. 폭포를 만나면 공중으로 있는 힘껏 뛰어올라야 해요. 높이 뛰어야 폭포 위로 오를 수 있으니까요. 곰이나 수달, 독수리, 사람들도 조심해야 해요. 모두 나의 천적들이에요. 목적지에 도착할 즈음이면 내 몸은 상처투성이가 돼요. 여기저기 긁히고, 또 먹지 못해서 많이 지쳐 있어요. 많은 연어들이 이 긴 여행에서 살아남지 못한답니다.

첫번째 위대한 여행은 강에서 출발하여
바다와 만나는 곳까지 수천 킬로미터를 헤엄쳐 가는 거예요.
첫 여행이 끝나는 곳은 민물과 소금물이 섞인 이곳이에요.
여기서 우리는 다른 새끼 치누크연어들과 만나요.

우리는 친구들과 함께 민물과 소금물이
섞인 이곳에서 잠시 머물러요. 우리의
몸이 잘 적응하면, 다시 소금물인
바다로 헤엄쳐 나아가요.

사바나얼룩말

나, 사바나얼룩말은 먹이와 물을 찾아 여행을 떠나요. 계절의 변화에 따라 이동하는 것이라고 해도 좋아요. 그런데 그거 알아요? 나는 언제나 시계 방향으로만 걷고 뛰어요. 한 방향으로만 가면 커다란 원을 그리면서 결국 내가 떠난 지역으로 다시 돌아오게 돼요.

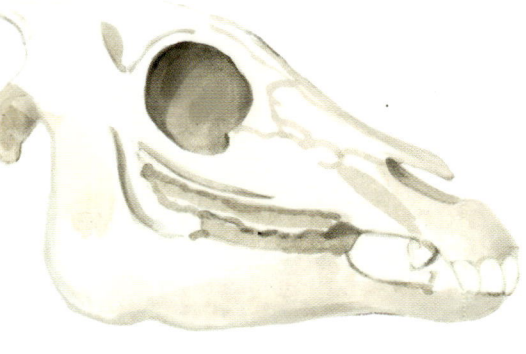

나는 누구일까요?

- 이름: 사바나얼룩말
- 종류: 포유류

줄무늬 방향을 눈여겨봐 주세요. 목과 등의 줄무늬는 세로 방향이지만, **엉덩이와 다리**에는 **가로 줄무늬**가 있답니다.

배에도 줄무늬가 있는 **유일한 얼룩말 종류**, 그게 나예요. 다른 종들의 배는 흰색이에요.

꼬리는 먼지를 터는 청소 솔처럼 생겼죠.

크기:
어깨 높이까지 1.2~1.4미터이고, 길이는 2.2~2.5미터예요.

큰 귀: 어떤 방향으로든 돌릴 수 있어서 **아주 작은 소리까지** 잘 들어요.

다리:
4개의 멋진 긴 다리. 발에는 말처럼 큰 발굽이 붙어있어요.

갈기: 짧고, 거칠고, 곧은 털의 갈기

풀을 먹을 때는 **날카로운 앞니**로 잘라서 **큰 엄니**로 잘게 씹어요. 항상 씹으니까 이빨들이 잘 닳아요. 그래도 닳은 만큼 자라니까 걱정할 것은 없어요.

서식지:
나무와 관목이 여기저기 많이 있고 수풀이 우거진 아프리카의 중부나 남부 지역에 살고 있어요.

먹이:
주로 풀을 먹지만 나뭇잎과 작은 가지, 나무껍질도 먹어요.

속도:
시속 65킬로미터까지 빠르게 달릴 수 있어요.

 0    65 km/h    100

천적:

사자 표범 하이에나 치타 들개 악어

얼룩말 가족을 소개할게요. 수컷 한 마리는 암컷 몇 마리와 새끼들과 더불어 가족을 이루어요. 자주 만나는 다른 얼룩말 가족들과 **함께 다니는 것**도 좋아해요. 밤낮으로 우리를 노리는 포식자들을 조심해야 하니까요. 무리를 지어 있으면 훨씬 더 **안전해요**. 잘 때도 우리는 **서서 잔답니다**.

특히 **사자**가 우리를 노려요. 사자들은 몰래 살금살금 다가오기 때문에 깜짝 놀랄 때가 많아요. 그래서 **힘센 얼룩말을 경비원**으로 세워 두어요. 사자가 다가오거나 사자 냄새가 나면 경비원 얼룩말은 무리 전체에게 경고를 보내요. 그럼 순식간에 재빠르게 도망쳐요. 사자가 너무 가까이 있어서 피하지 못할 경우엔 어떻게 하는지 알아요? **뒷발굽으로 강력한 발차기**를 날려 주지요.

새끼는 **냄새**와 **줄무늬 모양**으로 엄마를 알아본답니다. 우리는 줄무늬 모양이 서로 달라요. 사실 나는 검은 줄무늬 얼룩말이 아니라 **흰 줄무늬가 있는 검은 얼룩말**이랍니다. 털 아래의 피부가 어두운 색이에요. 횡단보도의 표시가 우리의 줄무늬 모양에서 딴 걸 알고 있나요?

여행자:
사바나얼룩말은 먹이와 물을 찾아 매년 수백 킬로미터씩 여행을 해요.

줄무늬 모양은
매우 쓸모가 많아요.
흰색과 검은색 줄무늬는
벌레들을 **어지럽게** 만들어요.
그래서 벌레에게 덜 물리는 편이에요.
사자들도 우리 얼룩말 무리가 빨리
달리면 어지러워 해요. 누가 앞서 달리고
누가 뒤따르는 얼룩말인지, 어디가 머리이고
어디가 꼬리인지 구분이 안 되니까요. 어떤 얼룩말을
공격 목표로 해야할지 알 수 없기 때문이에요.

나는 마른 풀을 많이 뜯어먹어요. 그래서 물도 충분히 마셔야 소화가 잘 돼요. 그런데 내가 사는 아프리카에는 물이나 먹이가 늘 부족해요. 그래서 건기가 되면 비가 많이 내리는 다른 지역으로 여행을 떠나야 해요. 내겐 집이 없어요. 늘 옮겨다니며 여행을 하니까 집이 필요없지요.

나는 1년에 약 500킬로미터를 여행해요. 여행할 때는 천천히 걷지 않고 빠른 속도로 걸어요. 시간을 낭비하지 않기 위해서죠. 많은 것들을 찾아야 하거든요. 충분한 먹이를 얻기 위해서는 매일 7시간이나 걸어야 해요. 그런데 다행인 것은 빠른 속도로 오랜 시간 걸어도 지치지 않는다는 것이에요. 이것이 나의 여행 비결이랍니다.

여행하는 동안에는 검은꼬리누들이 종종 우리 얼룩말 가족과 함께 가요. 영양, 타조, 기린도 우리 가까이에서 같이 움직이는 걸 좋아해요.

여행할 때면, 수천 마리의 동물들이 거대한 무리를 이루어 함께 움직여요. 드넓은 초원에 아주 놀랍고 인상적인 광경이 펼쳐지지요. 밤에도 우리는 아주 작은 소리까지 잘 들을 수 있고, 먼 거리에 있는 동물들의 움직임도 잘 포착해요. 적의 공격을 다른 동물들보다 더 빨리 알아채는 거예요. 그래서 함께 가는 여행자 친구들의 사랑을 듬뿍 받아요. 하지만 강을 건널 때는 늘 조심해야 해요. 악어들이 물속에 숨어서 우리를 노리고 있거든요.

크리스마스섬홍게

나는 열대 우림에서 살아요. 축축한 땅에 구멍을 파고 그 속에서 혼자 살지요. 그러나 11월이 되면 정말 놀라운 광경이 펼쳐져요. 우리 친구들인 수백만 마리의 붉은 게들이 모두 구멍에서 나와 여행을 하기 시작하거든요. 마치 거대한 붉은색 물결이 바다로 꿈틀꿈틀 흘러가는 것 같아요. 그렇게 우리는 바다를 향해 기어가요. 해변에서 암컷과 짝짓기를 하기 위해서예요. 짝짓기가 끝나면 우리는 다시 각자의 집인 축축한 땅속 구멍으로 되돌아간답니다.

나는 누구일까요?

| **이름:** 크리스마스섬홍게
| **종류:** 갑각류

다리:
2개의 집게발과
8개의 다리

크기:
등딱지의 너비는 11~12센티미터.
암컷의 등딱지가 수컷보다 더 작아요.

서식지:
인도양의 크리스마스 섬의
습기차고 그늘진 곳에 살아요.

먹이:
다 자란 게는 나뭇잎과
과일, 꽃, 씨앗, 마노달팽이,
죽은 홍게를 먹이로 해요.

속도:
나는 하루에 최대 1,460미터까지
기어갈 수 있어요.

0 1.46 km/day

100

천적:
알에서 갓 부화한 홍게 새끼들을 노리는 자들이에요.

 쥐가오리  물고기  고래상어

다 자란 게의 천적은  노랑미친개미예요.

집게발이 잘리면 그 자리에 **새 집게발**이 자라나요. 하지만 크기는 원래보다 좀 **작답니다**.

여행자:
우리는 매년 짝짓기를 하기 위해 여행을 떠나요. 정글에 있는 구멍에서 나와 해변으로 기어가는 거예요.

내 등딱지는 아주 **천천히 자라요**. 4년이 지나야 너비가 겨우 4센티미터 정도 돼요. 몸이 자라면서 등딱지를 새로 갈아요. 작은 등딱지가 떨어져 나가고 그 자리에 **새 등딱지가 자라나요**. 다 자라고 나면 1년에 한 번만 등딱지를 갈아도 돼요. 이렇게 등딱지를 갈면서 나는 **20~30살까지 살아요**.

배의 갈색 부분:
왼쪽과 오른쪽이 거울로 마주보듯 똑같아요.

나는 물기가 많은 **축축한 환경**을 좋아해서 **열대 우림**에서 살고 있어요. 집은 어떻게 만드는지 알아요? 뒷다리로 **땅을 판 다음** 집게다리로 흙을 밖으로 밀어내요. 충분한 공간이 만들어지면 **안쪽에 방**을 하나 꾸며요. 거기서 나는 혼자 살아요. 하지만 완전히 혼자인 것은 아니에요. 우리 섬에는 4,400만 마리의 친구들이 살고 있으니까요. 물론 각자 굴을 파고 혼자 살고 있기는 하지만요.

건기가 되면 굴속도 너무 **더워서** 견디기 힘들어요. 그럴 때면 2~3개월 동안 여러분들은 내 모습을 보지 못할 거예요. **젖은 나뭇잎들로 굴을 막아버리니까요**. 그러면 집안은 다시 놀랍도록 촉촉해진답니다.

장마철이 시작되어 첫 소나기가 내리면 나는 집에서 나와요. 해변으로 여행을 떠나는 거예요. 나는 약 4킬로미터의 거리를 기어가야 해요. 해변까지 가려면 1주일 정도 걸린답니다. 다행히 장마가 일찍 시작되면 시간이 충분하지만, 만약에 장마가 늦게 오면 서둘러야 해요.

나는 수컷이에요. 수컷은 암컷이 오기 전에 미리 둥지를 파 두고 기다려야 하기 때문에 먼저 떠나요. 우리는 주로 이른 아침이나 날씨가 선선한 늦은 오후에 여행을 해요. 햇볕이 강한 길을 오래 걸으면 위험해요. 몸의 수분이 너무 많이 빠져서 죽을 수도 있거든요.

우리는 어떤 장애물이 있어도 다 헤쳐나가요. 넘어가기도 하고 아래를 파서 뚫고 가기도 해요. 어떤 것도 우리를 막을 수는 없어요. 그러나 이번 여행에서도 많은 홍게들이 도로에서 자동차에 치었어요. 사람들이 우리의 안전한 여행을 위해 터널들을 만들고, 육교까지 놓아 주었지만 말이에요.

바다에 도착하면 우리는 곧장 물속으로 달려들어가요. 수분을 보충하기 위해서예요. 수분을 충분히 흡수한 후 우리는 구멍을 파기 시작해요. 때로는 다른 수컷이 내가 판 구멍을 훔치려 들기도 해요. 그러면 싸움이 벌어지지요. 암컷과 짝짓기를 마치면, 나는 다시 바다로 들어가 수분을 보충해요. 그런 다음, 정글에 있는 집으로 돌아가요. 암컷은 해변에 더 오래 남아 있어야 해요. 알 주머니에서 알을 키워야 하거든요. 하현달이 뜨면 암컷은 바위 위에 올라 파도에 알을 흘려보내요. 밀물이 알을 쓸어가게 하는 거예요. 알집에 있는 알을 다 떠나보내고 나서야 암컷은 열대 우림에 있는 집을 향해 다시 여행길에 오른답니다.

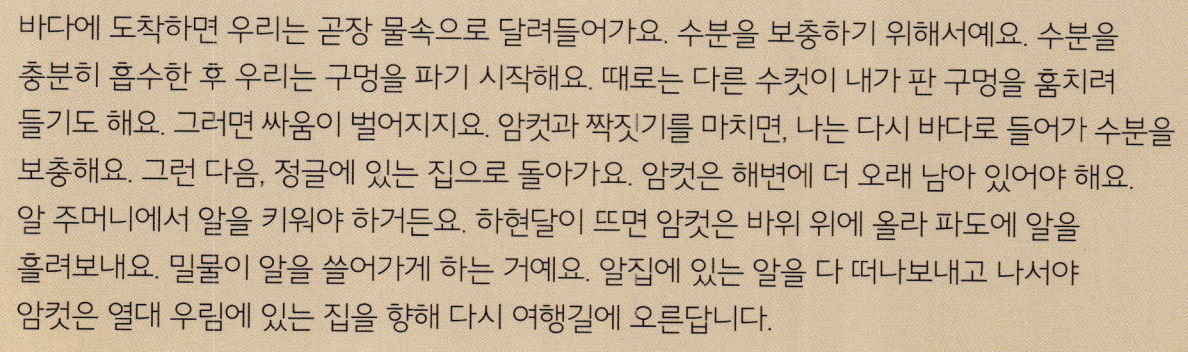

제비

아마 모두 내가 어떤 곳을 좋아하는지는 짐작하고 있을 거예요. 나는 논과 밭이 많이 있는 곳을 좋아해요. 먹을 것도 풍부하고 집을 지을 때 필요한 건축 재료들도 여기저기 널려 있으니까요. 또 논과 밭이 넓게 펼쳐진 곳에는 우리가 집을 지을 넓은 공간들이 많고 물도 넉넉해요. 나는 1년에 두 번씩 장거리 여행을 떠나요.

나는 누구일까요?

이름: 제비
종류: 조류

다리:
2개의 짧은 다리. 다리에 근육은 거의 없어요. 둥지 지을 재료를 구할 때 외에는 항상 날아다녀서 다리를 쓸 일이 거의 없기 때문이에요.

길고 좁은 날개:
날개 폭이 29~32센티미터 정도 돼요.

크기:
몸길이는 15~19센티미터예요.

짧고 넓은 부리:
콧등과 부리 아래에 적갈색 반점이 있어요.

갈래 꼬리: 공중에서 재빨리 급선회하고 급강하도 할 수 있도록 꼬리의 끝이 길고 가늘게 갈라져 있어요. 암컷의 꼬리는 수컷보다 짧답니다.

서식지:
유럽, 아프리카, 아메리카, 아시아 및 오세아니아의 호수나 강이 있는 농촌 지역

먹이:
날아다니는 곤충이면 뭐든 먹어요. 모기와 딱정벌레, 날아다니는 개미, 나비, 말벌, 벌, 진딧물 등.

● 여름 번식지 ● 겨울을 나기 위해 가는 월동 지역

속도:
장거리 여행을 할 때는 시속 40킬로미터로 날아가요. 하지만 급강하를 할 때는 화살처럼 빠르게 날아요.

0 — 40 km/h — 100

천적:

매　　갈매기　　뱀　　담비　　스라소니

여행자:
나는 여름이 끝나면 남쪽으로 날아갔다가 봄이 오면 다시 돌아와요.

나는 **사람들이 사는 집 근처**에 둥지를 짓고 싶어요. 농장의 **헛간**이나 **마구간**이 가장 좋은 장소예요. 누구의 방해도 받지 않고 들어오고 나갈 수 있으니까요. 그런데 언젠가부터 사람들은 헛간이나 마구간 문을 닫아 두기 시작했어요. 그래서 나와 암컷은 **지붕 밑**이나 **다리 아래**의 돌출된 부분에 둥지를 지을 수밖에 없어요. 집을 지을 때는 **진흙 덩어리**에 침을 섞어요. 그럼 아주 잘 달라붙거든요. 거기에 **풀이나 짚**을 넣으면 둥지가 더 단단해져요. 둥지 안에는 부드러운 **깃털**을 깔아 두어요. 곧 태어날 아기새들을 위한 보금자리니까요. 나는 몸은 작지만 용감하게 둥지를 **지킨답니다**. 침입자가 오면 아주 맹렬하게 공격해요.

낮에는 거의 항상 날아다니며 **수천 마리의 모기**를 잡아요. 여러분은 내가 **물 위**를 스치듯 낮게 나는 모습을 자주 보았을 거예요. 물 주변에는 앵앵거리며 떼를 지어 나는 모기들이 많거든요. 모기를 잡다가 목이 마르면 **물도 마셔요**. 길고 가는 꼬리와 날개 덕분에 나는 날아가면서도 **방향과 고도를 재빠르게 바꿀 수 있어요**. 나는 하늘의 곡예사예요.

짝짓기 시기가 아니면 나는 다른 제비들과 어울려 지내는 것을 좋아해요. 우리는 종종 전선 위나 울타리 또는 갈대 위에 **큰 무리**를 지어 앉아서 잠을 자요. **위험**이 닥치면 서로서로 알려 주지요. 하지만 자주 싸우기도 해요. 더 나은 잠자리를 차지하려고 싸운답니다.

가장 어린 새까지 다 자라날 즈음이면, 날씨도 추워지기 시작해요. 9월이 되거든요. 그럼 우리는 각자의 둥지를 떠나 한 자리에 다 모여요. 수천 마리의 제비들이 모여들어요. 같이 긴 여행을 준비하는 거예요. 장거리 여행을 위해 우리는 가능한 많이 먹어 두지요.

겨울이 오면 벌레들이 거의 다 사라지기 때문에 우리는 먹이를 찾아 남쪽으로 가야 해요. 아주 큰 무리를 지어서 여행을 해요. 적으로부터 서로를 보호하기 위해서랍니다. 하루에 약 400킬로미터를 날기 때문에 많은 에너지가 필요해요. 그래서 며칠에 한 번씩 땅에 내려앉아 쉬어야 해요. 그럴 때면 우리는 몇 시간 동안 날며 곤충을 잡아먹어요.

유럽에서 사는 나는 아프리카까지 8,000킬로미터 이상을 날아가, 그곳에서 겨울을 지내요. 아프리카가 너무 덥다고 느껴지면 북쪽에 봄이 오고 있다는 징조예요. 그럼 우리는 다시 모여서 같은 방법으로 북쪽의 옛 둥지로 돌아가요.

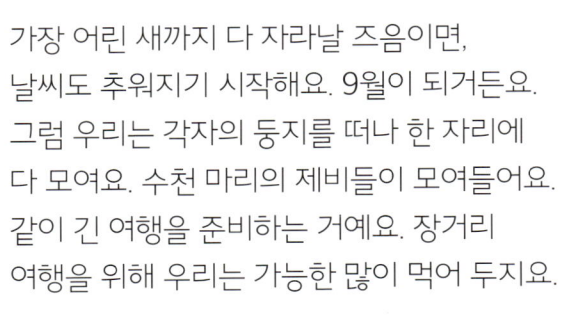

긴 여행에서 돌아오는 나를 보면 사람들은
항상 기뻐하면서 반갑게 맞아주어요.
내가 봄 햇살과 따뜻한 기후를 몰고 온다고
생각하기 때문이에요.

백상아리

나는 몸에서 배만 하얗고, 다른 부분은 다 회색이에요. 회색은 물 속에서 눈에 잘 띄지 않아 좋아요. 다른 물고기들에게 조용히 다가가 공격할 수 있으니까요. 그래서 나는 내 몸의 색깔에 아주 만족해요. 또한 나는 장거리 여행자예요. 아주 먼 곳도 다녀오고, 바다 속 깊은 곳까지 여행하기도 해요.

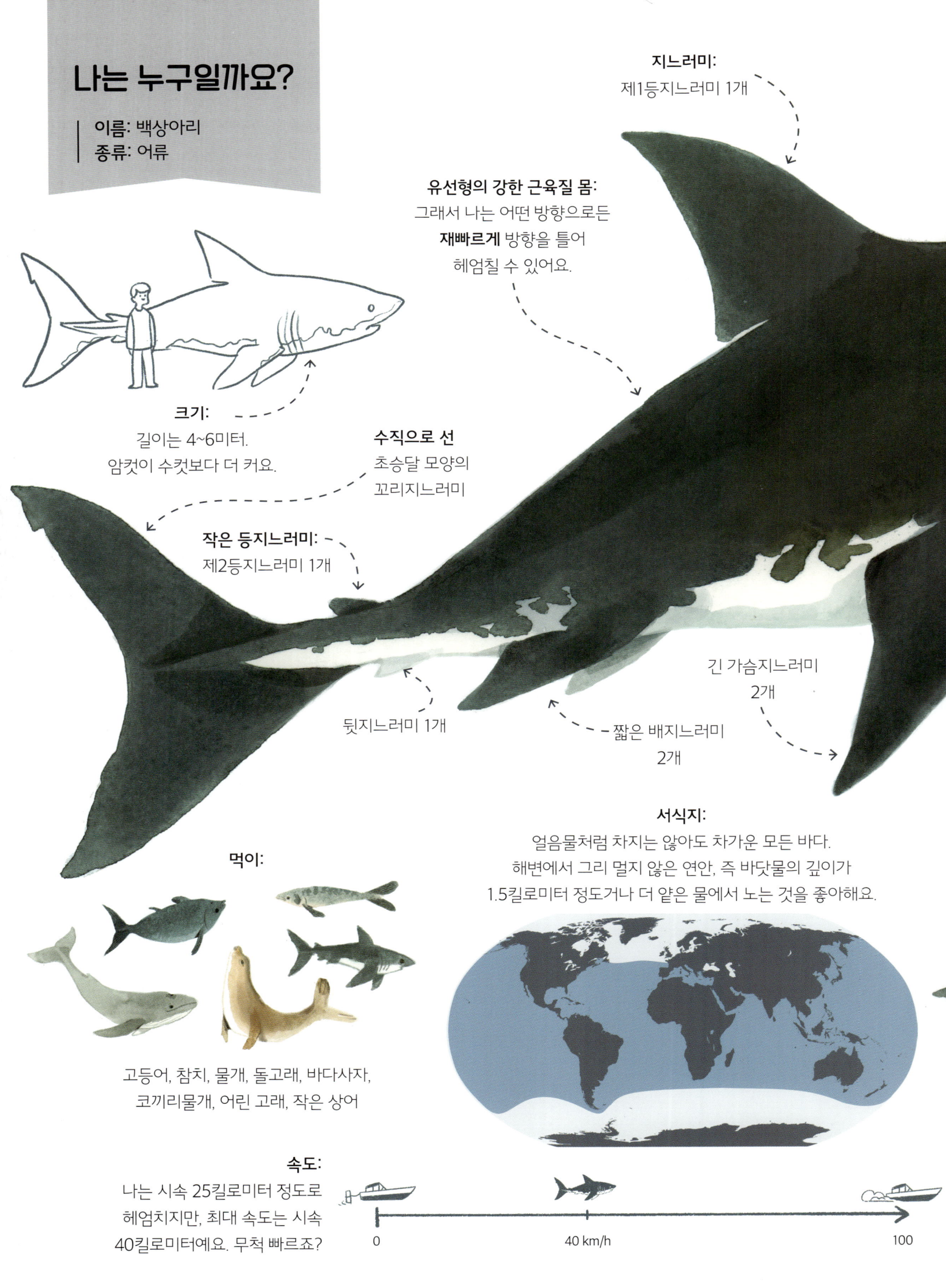

여행자:
나는 바다 속 깊은 곳까지 내려가요.
또 매년 수천 킬로미터씩
여행하곤 해요.

천적:
바다의 사냥꾼인 내게 천적은
사람뿐이에요.

사람

주둥이는 **원뿔형**으로 **뾰족**하고
입 위에 있어요. 양쪽에 있는
콧구멍이 보이나요?

길이가 7센티미터나 되는 **삼각형 이빨**들이 **삼중**으로
나 있어요. 가장자리가 톱니처럼 생겨 아주 날카로워요.
이런 이빨들이 300개 가량 돼요. 이빨은 부러지거나
부서지면 다시 자라나니 걱정할 게 없어요.

5쌍의 아가미: 관처럼 길고 좁은
호흡기관이에요. 입으로 들어온 물에서
산소를 추출해요.

사냥할 때는 **먹이를 깜짝 놀라게** 만드는 방법을 써요.
먹잇감 밑에서 조용히 헤엄치다가 순식간에 빠른 속도로
몸을 틀어서 물어요. 나는 점프 실력도 뛰어나요. 물 위로
3미터나 솟구쳐 오를 수 있어요. 먹이를 잡을 때는 한 번에
세게 문 다음 놓아 주어요. 힘이 빠질 때까지 기다리는
거예요. **힘이 약해지면** 먹기 시작해요.

나는 **청각과 후각**이 아주 뛰어나요. 1.6킬로미터 밖에서 움직이는
소리뿐 아니라 미세한 진동까지 감지할 수 있어요. **내 코도 아주
환상적이죠**. 피 냄새는 물론, 몇 킬로미터 떨어져 있는 물개 떼의
냄새도 맡을 수 있으니까요. 예민한 코 덕분에 나는 **어둠 속에서도**
먹이를 잘 찾는답니다.

사냥은 보통 **혼자** 해요. 그러나 다른
백상아리들이 내 사냥감의 **피 냄새**를
맡았을 때에는 함께 해요. 우리는 바다의
훌륭한 **청소부**들이에요. 덩치가 큰 고래가
죽으면 종종 여러 상어들과 함께 가서,
먹어 치우지요. 하나도 남기지 않고 **모든
것을 다 먹어 치워요**. 우리 때문에 바다가
더 깨끗해지는 거예요.

우리의 먹잇감 메뉴 가운데 사람은 없어요. **사람을 공격하는
것은 대개 실수**이거나 호기심 때문이랍니다.

41

어린 상어였을 때 나는 수심이 얕은 연안에서 몇 년 동안 살았어요. 주로 물고기를 잡아먹었지요. 이제는 다 자랐으니, 1,000미터 이상 깊은 심해까지 잠수해 들어가요. 심해 잠수는 연안에서는 할 수 없는 것이에요.

바닷속 깊이 들어가면 물은 훨씬 차가워져요. 물고기들도 심해의 찬 물에서는 재빠르게 헤엄칠 수 없어요. 힘이 들어 느릿느릿 돌아다녀요. 하지만 나는 그런 물고기들에 비해 체온 유지를 잘 하기 때문에 힘이 빠지지 않아요. 그래서 심해에서 더 쉽게 먹이를 잡을 수 있어요.

나는 물개나 바다사자와 같은 큰 동물들도
잡아먹을 수 있어요. 그들이 언제, 어디에서
새끼를 낳는지도 아주 정확하게 알고 있거든요.
그래서 매년 먹이가 풍부한 그곳을 찾아
약 4,000킬로미터씩 여행을 해요.

여행을 하는 동안, 나는 먹을 것이 거의 없는
먼 바다를 건너야 할 때도 있어요. 하지만 그게
큰 문제가 되지는 않아요. 몸안에 지방을 많이 저장해
두었기 때문에 먹지 않고도 오랫동안 헤엄쳐 갈 수
있으니까요. 사냥터에 도착하면 다시 먹이를 많이 먹고
지방을 보충해요. 몸 안에 지방이 불어나 가득 차면
기분이 무척 좋아져요.

두루미

가을이 오면 내가 사는 북쪽 지방에는 먹이가 충분하지 않아요. 그래서 나는 큰 날개를 펴고 다른 친구들과 함께 무리 지어 남쪽으로 날아가요. 어린 새였을 때도 나는 늘 엄마 아빠와 함께 날아가곤 했어요.

나는 누구일까요?

- 이름: 두루미
- 종류: 조류

다리: 2개의 가느다란 다리. 그 끝에 긴 발가락이 3개 있어요.

크기: 110~120센티미터

눈은 빨갛고, 머리의 왕관에는 **붉은 반점**이 있어요.

날개폭: 220~245센티미터

긴 목: 날아갈 때는 목을 **최대한 길게** 늘린답니다.

서식지:
북유럽과 아시아 북부의 물이 많은 지역이나 늪에서 알을 낳고 새끼를 길러요. 가을이 오면 추위를 피해 남부 유럽이나 북부 또는 동부 아프리카, 중동, 인도, 중국의 남부로 날아가요.

먹이:
잡식성이에요. 식물, 풀뿌리, 이파리, 열매, 도토리, 곡식, 곤충, 달팽이, 지렁이, 도마뱀, 개구리, 도롱뇽, 두꺼비, 작은 포유류, 물고기, 작은 새, 새알

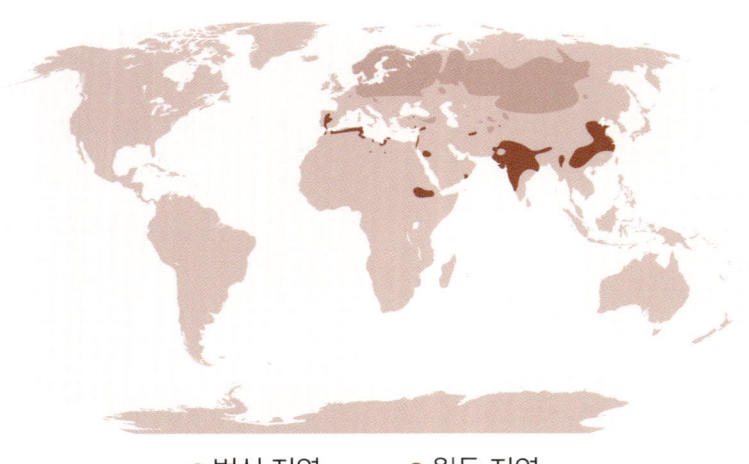

● 번식 지역　　● 월동 지역

속도:
물 위에서는 시속 70킬로미터로 날지만 육지에서는 시속 40킬로미터 정도로 날아요.

0　　　　　　　　　　70 km/h　　100

천적: 사냥꾼 / 여우 / 곰 / 독수리 / 전깃줄

여행자: 두루미는 가을에 따뜻한 남쪽 지역으로 여행을 갔다가, 봄이 되면 북쪽의 번식지로 되돌아와요.

짧은 꽁지: 하지만 날개의 **큰 깃털**들이 꽁지를 덮고 있어서 걸을 때는 검은 꽁지가 길어 보여요.

나는 얕은 물이나 땅 위를 **긴 다리**로 조심조심 걸어다니면서, **하루의 대부분**을 먹이를 찾는 데 써요. 또 잘 놀라고 **쉽게 겁을 먹어요**. 그래서 끊임없이 주위를 둘러보며 경계하지요. 작은 위험만 느껴져도 날아가요.

짝을 찾으면 우리는 **짝과** 함께 먼저 **춤을 춰요**. 날개를 반쯤 펴고 서로의 주위를 잔걸음으로 돌면서 두 다리와 목을 구부리기도 하고 길게 늘려서 보여주기도 해요. 때로는 뛰어 오르며 날개로 부채질도 하고 **큰 소리**를 지르기도 해요. 그렇게 춤을 추면서 만난 짝과 우리는 **평생을 함께 지내요**.

우리는 주로 **습지**에 솟아 있는 땅에 **둥지**를 지어요. 지푸라기들을 둥지 안에 깔고 알을 낳지요. 하지만 알에서 깨어난 **아기새가 채 날기도 전에 우리는 둥지를 떠나요**. 늪으로 가는 거예요. 그곳이 더 안전하거든요.

나는 **30살**까지 살 수 있어요. 여러 나라에서는 두루미(학)가 **행운**을 가져온다고 믿어요. 그래서 종이학을 접나 봐요.

47

8월 하순이 되면 나는 다른 두루미들을 찾아보기 시작해요.
함께 여행을 떠나야 하니까요. 우리들은 배가 터질 듯이 먹고
또 먹어요. 우리 몸은 이미 적응되어 있어서 많이 먹어도
괜찮아요. 심장이 커지고 가슴 근육도 단단해져요.
이 모든 것들이 여행에 꼭 필요한 과정이에요.
4,000킬로미터 이상을 날아가야 하니까요.

날아갈 때 우리는 V자 대형을 유지하고 선두는 교대로 맡아요. 선두 뒤에서 날면 힘이 덜 들어 조금씩 쉴 수 있으니까요. 날아갈 때는 다리와 목을 길게 뻗고 계속 그 자세를 유지해요. 때때로 따뜻한 기류를 만나면 기류에 올라 떠다니기도 해요. 날개를 잠시 쉬게 해 주는 거에요. 우리가 다가오는 소리는 5킬로미터 밖에서도 들린답니다. 우리 목소리는 트럼펫처럼 크고 우렁차거든요.

우리는 여행하면서 며칠씩 휴식을 취하기도 해요. 얕은 물에서 밤을 보낸 다음, 아침 일찍 갓 수확한 들판을 찾아 날아가요. 특히 옥수수밭 그루터기에는 먹이가 많아 배불리 먹을 수 있어요. 저녁이 되면 우리는 무리에게 다시 돌아와요. 우리가 보이면, 다른 두루미들이 트럼펫을 불듯이 큰 소리로 노래하며 반겨 줘요. 우리도 그 인사에 답해 노래를 불러 주지요. 여행 중 우리가 항상 쉬는 장소에 들르면 가끔 80,000마리 이상의 두루미들이 모여 있기도 해요.

충분히 쉬면서 몸을 회복하면 우리는 다시 날아올라요. 겨울을 보낼 곳까지 가려면 아직 많이 날아야 하거든요. 우리가 가장 좋아하는 목적지에 도착하면, 이미 많은 두루미들이 모여 있어요. 120,000마리 이상이 모여 함께 겨울을 나기도 한답니다.

순록

나는 야생에 살고 있어요. 하지만, 어떤 사람들은 우리를 가축으로 키우기도 해요. 추운 지역에 있으면 나는 아주 기분이 좋아져요. 혼자 있는 것은 그다지 좋아하지 않아요. 그래서 큰 무리를 지어 여행을 해요. 미국인들은 나를 **카리부**라고 부른답니다.

나는 누구일까요?

- 이름: 순록
- 종류: 포유류

크기:
키는 어깨까지 1.2~1.5미터이고 몸길이는 1.6~2.1미터예요. 암컷이 더 작아요.

넓은 발굽: 편평하게 퍼진 넓은 발굽 덕분에 눈 위나 얼음 위를 잘 걸을 수 있어요.

다리:
4개의 튼튼한 다리. 2개로 갈라진 앞굽과 2개의 긴 곁굽이 있어요.

뿔: 너비는 **최대 1미터**예요. 수컷의 뿔은 길이가 1.5미터이며 많은 가지들이 뻗어 있어요. 암컷의 뿔은 길이가 0.5미터에 불과해요. 매년 봄이 되면 낡은 뿔은 떨어지고 새로운 뿔이 더 크게 자라나요.

눈: 나는 낮이 짧고 어둑어둑한 겨울에 적응하며 살아왔어요. 그러다보니 **어두운 곳에서 더 잘 봐요**. 주로 후각에 의지해요.

먹이:
겨울에는 눈 속을 파헤쳐서 이끼를 먹어요. 눈이 다 녹은 후에는 풀, 잎, 어린 가지, 열매, 버섯 등을 먹어요.

서식지:
북아메리카, 유럽, 아시아의 추운 지역

속도:
평소에는 시속 12킬로미터로 달리지만 시속 70킬로미터 이상 속도를 낼 수도 있어요.

천적:
늑대　　곰　　스라소니　　모기와 같이
　　　　　　　　　　　　　물고 쏘는 곤충

여행자:
순록은 먹이를 찾아 일년 내내 여행을 해요.
무서운 추위를 피해 매년 겨울이면 남쪽으로
수천 킬로미터씩 여행을 간답니다.

털이 많은 꼬리:
길이가 10~25센티미터 정도 돼요.

우리는 다른 사슴들과 달리 **암컷에게도 뿔**이 있어요.
수컷의 뿔은 가을에 떨어져요. 그런데 암컷인 나는 **새끼**를
돌봐야 하기 때문에 겨울이 다 갈 때까지 뿔이 그대로 남아
있어요. 나는 **후각**이 뛰어나서 냄새를 굉장히 잘 맡아요.
0.5미터 아래 눈 속에 파묻힌 **이끼** 냄새까지 맡을 수 있어요.
이끼 냄새가 나면 새끼가 잘 먹을 수 있도록 발굽으로 눈을
파헤쳐 줘요. 만일 수컷이 새끼가 먹을 이끼를 차지하려고
가까이 오면 나는 뿔로
받아 쫓아 버리지요.

가끔 기온이 **영하 50도**까지 떨어지기도 해요. 모든 것들이 꽁꽁 얼어붙어요.
하지만 **내 털은 두 겹**으로 나 있어 추위 걱정은 하지 않아도 돼요. 속에는
부드러운 솜털이 빽빽이 나 있고, 그 위를 긴 털들이 두텁게 둘러싸고
있어요. 이 긴 털들은 속에 **공기**를 가득 품고 있어 어떤 **추위에서도**
나를 **지켜** 줘요. **여름**에는 내 털 색깔이 **회갈색**이지만, **겨울**이 되면
하얗게 변해요. 그래서 눈 속에서는 눈에 잘 띄지 않아요.

6월이 되면, **모기떼처럼
물거나 쏘는 곤충들** 때문에
아주 귀찮고 힘들어요.
이 곤충들은 우리의 피를
빨아먹어 무리의 **건강**을
위협하기도 해요.

어떤 지역에서는 순록을 **길들이기도** 해요. 순록은 **썰매**도
아주 잘 끌거든요. 최대 130킬로그램의 짐도
운반할 수 있어요. 사람들은 **고기**와 **우유**,
버터를 얻기 위해 순록을 키운다고
해요. 순록의 **가죽**은 따뜻한 **옷**이나
신발, 담요로 가공되고,
뿔로는 **도구나 예술품**을
만들어요.

나는 진정한 방랑자예요. 같은 장소에 오래 머물지 않거든요. 새끼 순록도 태어난 후 몇 시간만 지나면 수천 마리의 다른 무리와 함께 걸어갈 수 있답니다.

가을이면 우리는 남쪽으로 장거리 여행을 떠나요. 북쪽에는 더 이상 먹이가 남아 있지 않기 때문이에요. 우리는 매일 약 55킬로미터씩 걸어요. 그렇게 걸어서 2,000킬로미터 이상 떨어진 남쪽 지방으로 가요. 남쪽이 조금 따뜻하기는 하지만 덜 추운 지역이라고 하는 게 더 정확해요. 여전히 모든 것들이 꽁꽁 얼어 붙어 있고 사방에 눈이 쌓여 있답니다.

여행하는 동안 우리는 호수와 강도 헤엄쳐서 건너야 해요. 다행히 속이 빈 털 덕분에 우리는 물에서 잘 뜰 수 있어요. 속이 빈 털이 마치 수영장의 고무 튜브 같은 역할을 해 주는 거예요. 헤엄을 칠 때 우리는 발굽을 오리발처럼 넓게 펴서 보트의 노처럼 사용해요. 노로 젓듯이 발굽으로 부드럽게 저어 나아가요. 그런 방법으로 우리는 시속 10~20킬로미터까지 헤엄쳐 갈 수 있어요. 강이나 호수를 헤엄쳐 건너는 거대한 순록 떼의 모습은 아주 인상적이랍니다!

봄이 되면 나는 다른 여러 암컷들과 함께 풀이 무성한 북쪽의 평원으로 돌아와요. 신선한 풀들이 여기저기 지천으로 자라는 곳이지요.

제왕얼룩나비

나는 북아메리카에서 태어났어요. 우리 조상들은 남쪽에서 날아와 북쪽인 이곳에서 우리를 낳았답니다. 그리고 우리도 그 길을 따라 남쪽으로 다시 날아가요. 그 누구도 우리에게 가르쳐 주거나 가는 방법을 설명해 주지 않았지만, 우리는 이미 알고 있답니다.

나는 누구일까요?

이름: 제왕얼룩나비
종류: 곤충

다리: 3쌍

날개폭: 7~10센티미터

2쌍의 날개: 검은 날개 가장자리에 하얀 점들이 흩어져 있어요.

크기: 길이는 5센티미터. 수컷이 암컷보다 커요.

2쌍의 더듬이: 후각과 촉각을 담당하는 감각 기관. 끝이 **둥근 단추**처럼 생겼어요.

도르르 말린 주둥이: 꽃에서 꿀을 빨아먹기 위해 사용해요. 동그랗게 말고 있지만 꿀을 먹을 때는 길게 뻗어요.

두 개의 짧은 앞다리: 촉수들을 닦을 때 써요.

4개의 뒷다리: 먹이를 낚아챌 수 있도록 **발톱**이 달렸어요.

먹이: 애벌레는 독성이 있는 밀크위드를 먹어요. 몸에 쌓인 독성으로 인해 애벌레는 천적의 공격을 받지 않아요. 나비가 되면 모든 꽃에서 꿀을 빨아 먹지요.

서식지: 밀크위드가 자라는 따뜻한 지역으로, 아메리카 대륙과 태평양과 대서양의 일부 섬, 스페인의 남부 등지예요.

속도: 나는 시속 18킬로미터까지 날 수 있어요. 강한 바람을 만나면 그보다 더 빨리 날 수 있어요.

0   18 km/h   100

천적:

나비의 알을 노리는 천적:

육식성 진드기

작은 곤충

애벌레와 나비를 노리는 천적:

새

곤충

거미

지네

쥐

내 인생은 **밀크위드**에 낳은 **알**에서 시작되었어요. 나는 6밀리미터의 아주 작은 **유충**으로 태어나 45밀리미터나 되는 **줄무늬 애벌레**로 자라났어요. **실**을 뽑아 고치를 짜고 그 안에서 번데기로 있다가 드디어 **나비**로 변했어요.

여행자:
북아메리카에서 온 제왕얼룩나비만 남쪽으로 긴 여행을 떠나요.

애벌레였을 때 나는 **독성이 있는** 밀크위드를 먹고 그 독을 내 몸에 저장했어요. 나비로 변해도 여전히 그 독은 **내 몸안에** 있어서 어떤 종류의 **새들은 나를 잡아먹지 않아요.**

내 **날개**는 나비치고 꽤 **커요**. 몇 번의 날개짓 만으로도 **바람**을 타고 **미끄러지듯**이 날 수 있어요. 날개를 자주 펄럭일 필요도 없답니다. 날개에 무늬처럼 갈라져 있는 핏줄 같은 **시맥**이 더 강한 힘으로 날게 해 주니까요. 암컷의 시맥이 수컷의 시맥보다 더 **두터워요**.

사람들의 이상한 습관이 내 생명을 **위협하고 있어요**. 그들은 자연에 독을 뿌리고, 우리가 동면할 나무들을 베고 있어요. **지구온난화**도 나를 혼란스럽게 하여 언제 여행을 떠나야 할지 이제는 모르겠어요. 거기다 **밀크위드**도 갈수록 **줄어들고** 있어요. 밀크위드 잎에서만 **알**을 낳을 수 있는데 말이에요.

나는 북아메리카의 큰 산맥인 로키산맥 동쪽의 평평한 지역에서 살고 있어요. 가을이 깊어 더 추워지면 나는 따뜻한 기류를 타고 남쪽을 향해 떠나요. 나는 나비니까 여행하는 동안 밤이 되면 나무에서 잠을 자요. 우리는 단 2개월 만에 약 4,000킬로미터 떨어진 멕시코까지 가요. 하지만 혼자 하는 여행이 아니랍니다. 수백만 마리의 제왕얼룩나비들이 같은 길을 따라 여행하니까요.

그런데 로키산맥 서쪽에 사는 제왕얼룩나비들은 우리처럼 멀리 여행하지는 않아요. 그들은 캘리포니아 해안의 숲으로 날아간답니다.

멕시코에 도착하면 우리는 다른 제왕얼룩나비 무리들과 함께 어울려요. 가장 좋아하는 나무는 신성한 은빛 전나무예요. 전나무에 자리를 잡고, 우리는 따뜻하게 지내기 위해 서로를 껴안아요. 그런 자세로 겨울이 끝날 때까지 거의 움직이지 않아요. 나는 몸무게가 채 1그램도 안 돼요. 하지만 한 가지에 수만 마리의 나비들이 매달리면 부러질 수도 있답니다.

3월이 되면 나는 북쪽으로 떠나요. 나는 가는 도중에 알을 낳고 생을 마감해요. 그 알에서 나온 나비가 더 북쪽을 향해 날아가지요. 하지만 그들은 나보다 수명이 더 짧아서, 5주에서 7주 동안만 살아요. 그들의 알에서 다시 새로운 나비가 자라나 여행을 계속하는 거예요. 세 번째 또는 네 번째 그룹의 알들이 부화한 후에야, 제왕얼룩나비들은 북쪽에 도착해요. 여름이 끝나갈 무렵이 되지요. 이 제왕얼룩나비들은 다시 나처럼 장거리 여행자가 되어 8개월을 살아갈 거예요.

모두모두
즐거운 여행하고,
부디 조심해요!